Alix et le Collier Magique

Oscar a disparu !

Diana Kimpton vit en Grande-Bretagne. Enfant, elle adorait inventer des histoires humoristiques. Après avoir élevé ses deux fils, elle décide de se consacrer à l'écriture. Elle anime avec son mari un blog en anglais sur les livres jeunesse. Elle est également l'auteur de la série *Princesse Lili, folle de poneys*.

Aux enfants d'Alderney

Titre original : *Amy Wild, Animal Talker – The Secret Necklace*

Ouvrage originellement publié par Usborne Publishing Ltd.,
Usborne House, 83-85 Saffron Hill, London EC1N 8RT, Grande-Bretagne

Loi n° 49-956 du 16 juillet 1949
sur les publications destinées à la jeunesse.
Dépôt légal : avril 2014
ISBN : 978-2-7470-4764-7
Imprimé en Allemagne

Alix et le Collier Magique

Oscar a disparu !

Diana Kimpton

Traduit de l'anglais (Grande-Bretagne)
par Marianne Durand
Illustré par Desideria Guicciardini

bayard jeunesse

Le clan Clamerkin

Harry

Alix

Einstein

Platon

Rudolf

Princesse

Croissant

1
Un nouveau départ

– Je veux rentrer à la maison, grogna Alix.

– C’est là que nous allons, répondit sa mère en souriant.

Elle se pencha par-dessus le bastingage du bateau et désigna l’île qui apparaissait au loin.

– Notre maison est là-bas maintenant, à Clamerkin.

Alix chassa les larmes au coin de ses yeux et jeta un regard noir à ses parents.

– J'aimais là où on vivait, j'aimais mon école, et j'aimais mes amis.

– Allez, souris un peu, ma puce, répondit son père en l'entourant de ses bras. L'île de Clamerkin est merveilleuse. J'adorais y venir en vacances, quand j'étais petit.

– Tu vas t'y plaire, ajouta sa mère, c'est certain.

Alix soupira. Ses parents rêvaient d'une vie plus simple, loin des embouteillages et du stress quotidien. Mais elle, elle avait toujours vécu en ville. Qu'allait-elle bien pouvoir faire, sur cette île au milieu de nulle part ?

Alors que le bateau entrait dans le port, Alix leva les yeux vers les maisons perchées sur la colline. Le gris des toits d'ardoise s'accordait bien mieux à son humeur sombre que le bleu du ciel en cette fin d'après-midi.

– Regarde ! s'exclama son père en lui montrant les champs au-delà de la ville. Où que tu sois sur Clamerkin, tu es proche de la campagne et de la mer.

– Et regarde qui vient nous accueillir, s'extasia sa mère.

Un groupe de mouettes bruyantes s'éleva et vint les survoler.

– Elles disent qu'elles sont ravies de nous voir.

– Mais non ! répondit Alix. Elles sont en train de se disputer pour savoir qui aura le prochain poisson.

Elle se détourna des oiseaux et se concentra sur l'équipage qui attachait le bateau à quai.

Une fois la passerelle en place, les passagers se précipitèrent pour descendre à terre. Alix et ses parents se retrouvèrent au milieu de la foule, leurs bagages à la main. La fillette restait aussi près d'eux que possible, tirant sa valise aux roues branlantes.

Elle avait l'estomac noué par l'angoisse.

Tout ici était tellement différent de la ville... Même l'air avait une odeur différente.

Un taxi attendait sur le quai, mais le père d'Alix choisit de l'ignorer.

– Ce n'est pas loin. Allons-y à pied !

Il partit à grands pas le long du front de mer, avant de tourner dans une rue, en direction de la colline.

Les roues de la valise d'Alix cliquetaient et cahotaient sur les pavés. Déjà, de chaque côté de la rue, les commerçants fermaient leurs boutiques, leur journée terminée.

La plupart des gens étaient rentrés chez eux. Seuls quelques-uns, devant les vitrines, continuaient de discuter. Personne ne faisait attention aux nouveaux arrivants. Pourtant, Alix avait l'impression étrange qu'on l'observait.

Était-ce son imagination qui lui jouait des tours ? Soudain, elle aperçut les chats.

Une mince chatte siamoise devant le bureau de poste, *un gros chat noir* plus bas dans la rue,

un tigré sale près d'une gouttière, et un persan blanc un peu plus haut.

Ils la regardaient fixement.

Tout à coup, sa valise s'effondra : les roues venaient de se détacher. Et Alix les vit

rebondir jusqu'en bas de la colline.

– Et zut ! s'écria Alix.

– Au moins, elles auront réussi à t'amener jusqu'ici, lança une voix amicale.

Alix regarda autour d'elle. Une femme, beaucoup plus âgée que sa mère, et beaucoup plus ronde, se tenait sur le seuil d'un salon de thé, *La Primevère*. Elle avait de longs cheveux gris, attachés à l'aide d'un ruban rouge brillant, assorti à sa jupe rouge.

La mère d'Alix donna un petit coup de coude à sa fille.

– Dis bonjour à Grand-Tante Daisy.

La vieille femme éclata de rire.

– Ne m'appelle pas comme ça ! Ça me vieillit. Daisy, ce sera très bien, dit-elle en adressant un sourire à la fillette. Tu ne trouves pas, ma chérie ?

– Oui, répondit Alix d'une petite voix.

C'était la première fois qu'elle rencontrait sa grand-tante. Elle aurait voulu déjà la connaître. Mais Daisy ne venait jamais aux réunions de famille. Elle détestait quitter son île.

– Allez, entre, dit Daisy, en saisissant la main d'Alix pour l'entraîner. Platon et Harry meurent d'envie de te connaître.

Une fois à l'intérieur, Alix constata que le salon de thé était désert. Les chaises étaient empilées sur les tables, et il n'y avait rien sur le comptoir en bois, à part une grande pancarte où il était écrit : FERMÉ.

– Ça va être amusant de faire revivre cet endroit, dit son père en attrapant l'une des chaises.

– Il y a tellement de choses à faire ! répondit sa mère, les yeux brillants d'excitation.

Daisy vivait seule, et elle avait demandé aux parents d'Alix de venir l'aider à s'occuper du salon de thé. Ils avaient aussitôt accepté, heureux de pouvoir changer de vie.

Alix ne partageait pas du tout leur enthousiasme. La grande pièce lui paraissait sombre et lugubre. Et, même une fois que celle-ci serait rénovée, la fillette n'imaginait pas venir boire le thé ici.

– Viens, Alix, la pressa Daisy. Ne faisons pas attendre Harry et Platon.

Elle suivit la vieille femme au fond de la pièce et passa une porte battante, tout en observant autour d'elle avec curiosité.

Puis elles débouchèrent dans un couloir. Un peu plus loin, sur la droite, Alix aperçut la cuisine. Daisy ne s'arrêta pas et se dirigea vers la porte opposée, qu'elle ouvrit.

– Ils sont dans le salon, dit-elle.

Une petite boule de poils blanche se précipita vers elles, en jappant frénétiquement.

– C'est un chien, ça ! s'exclama Alix, ravie.

– C'est Harry, un terrier d'Écosse, répondit Daisy.

Un puissant cri rauque l'interrompit. Alix se retourna et vit un perroquet aux couleurs vives juché sur son perchoir, devant la télévision.

– Il déteste quand on ne s'occupe pas de lui, rit Daisy. Alix, voici Platon. Platon, je te présente Alix.

– Quel bel oiseau ! s'exclama la mère d'Alix en les rejoignant.

Puis elle s'approcha du volatile et lui chantonna d'une voix bébête :

– C'est qui le joli per... perroquet ?

Sans même un regard, l'oiseau fit quelques pas sur son perchoir, pour s'éloigner d'elle.

Mais elle continua de lui parler :

– Joli Piou-Piou, joli Piou-Piou, fredonna-t-elle.

Exaspéré, Platon poussa un nouveau cri rauque et partit à l'autre extrémité.

– Quel dommage qu'il ne puisse pas me répondre, soupira la mère d'Alix.

– Il vient de le faire pourtant, d'une certaine manière, répliqua la fillette. Ce n'est pas sa faute si nous sommes incapables de le comprendre.

– Non, mais je voulais dire que c'était dommage qu'il ne puisse pas parler, comme nous, avec des mots, grommela sa mère en allant chercher sa valise.

– Très intéressant..., commenta Daisy sur un ton énigmatique. Platon, je crois qu'on a trouvé la personne qu'on cherchait !

Elle adressa un clin d'œil au perroquet. Et, abasourdie, Alix le vit faire de même.

2
Le collier magique

Alix n'eut pas le temps de penser à l'étrange comportement du perroquet, car ses parents l'emmenèrent aussitôt visiter le salon de thé.

Elle découvrit sa chambre en dernier : sous le grenier, en haut de deux escaliers.

– Nous allons te laisser défaire tes cartons. Tu te sentiras mieux une fois installée, dit sa mère en quittant la pièce.

La chambre au plafond en pente était ancienne, mais agréable. Le papier peint était décoré de roses jaunes, et la fenêtre donnait sur la mer. Alix se rappela sa propre chambre, celle qu'elle ne reverrait jamais. Cela la rendit triste et nostalgique.

Elle se pencha alors sur les seuls objets qui lui étaient familiers : deux gros cartons posés à côté du lit. Elle avait pris soin de les remplir elle-même, en y mettant tout ce qu'elle voulait avoir sur l'île dès son arrivée.

Elle ouvrit le carton le plus proche et en sortit les journaux froissés qui contenaient ses figurines d'animaux. Elle les déballa une à une avec précaution, et les disposa sur la commode.

La dernière figurine était un chat en porcelaine. En le voyant, elle se souvint des chats qu'elle avait croisés sur la route. L'avaient-ils vraiment observée, ou avait-elle tout imaginé ?

Tout à coup, quelque chose de pelucheux lui frôla la jambe. Surprise, elle fit un bond en arrière, et vit Harry. Elle était tellement plongée dans ses pensées qu'elle ne l'avait pas entendu entrer.

Alix s'accroupit pour le caresser. Le chien à la fourrure toute douce remua la queue. Pour le moment, rencontrer Harry était la seule bonne chose qui lui était arrivée. Alix se sentait beaucoup mieux maintenant qu'il était à ses côtés. D'ailleurs, elle aurait voulu avoir un chien en ville, mais son père avait toujours refusé.

– Je suis ravie de voir que vous devenez amis, dit Daisy en entrant dans la pièce d'un pas chancelant.

Elle posa le plateau qu'elle portait sur la coiffeuse avant de se laisser tomber sur le lit, haletante et le souffle court.

– Je suis trop vieille pour ces escaliers… Que dirais-tu d'un peu de gâteau avec de la limonade ?

– Merci, fit Alix.

Elle était encore gênée en présence de sa grand-tante.

– Vas-y, sers-toi, ma chérie.

Alix ne se fit pas prier. Elle prit sans hésiter une part de gâteau. Elle avait voyagé toute la journée, et n'avait pas pu avaler quoi que ce soit sur le bateau. Maintenant, elle avait sacrément faim ! Elle trouva le gâteau délicieux : moelleux et sucré, avec un goût de banane. Et, comme il s'émiettait, Harry se fit une joie de nettoyer le tapis.

– J'espère que la chambre te plaît, reprit Daisy.

Elle avait retrouvé une respiration normale, et son visage était moins rouge.

– C'est très joli, assura Alix.

Bien évidemment, elle ne lui avoua pas que son ancienne chambre lui manquait.

– J'en suis ravie, répondit Daisy avec un large sourire. Je ne sais plus très bien ce qu'aiment les petites filles, aujourd'hui.

– J'adore les animaux ! s'écria Alix. La musique pop, les vêtements, et…

– Et les bijoux ? demanda Daisy.

– Bien sûr !

– Parfait. Alors qu'est-ce que tu penses de ça ?

Daisy sortit quelque chose du col de son chemisier. Alix vint s'asseoir à côté d'elle et se pencha en avant. Elle n'avait encore jamais rien vu de tel ! C'était un collier constitué de pattes d'animaux en métal, reliées les unes aux autres comme une chaîne. Cependant, le métal était terne, bruni, et il ne brillait absolument pas.

Daisy défit le fermoir et tendit le bijou à Alix.

– Prends-le, ma chérie.

Alix n'en avait pas très envie, car le collier ne lui plaisait pas beaucoup. Mais, comme elle ne voulait pas vexer sa grand-tante, elle s'en saisit. Au même moment, Harry poussa un aboiement excité et sauta sur le lit.

Alix éclata de rire. Quand elle regarda de nouveau le collier, elle fut abasourdie.

Il se passait quelque chose de très étrange.

Le collier se transformait ! Il était de moins en moins terne, et il prenait une couleur plus claire, plus vive.

En quelques secondes, il devint un magnifique bijou qui scintillait, tel de l'or pur.

Alix le fit tourner entre ses mains, perplexe.

– Tu as fait un tour de magie ?

Daisy secoua la tête et éclata de rire.

– Non, c'est grâce à toi. Depuis que j'ai grandi, le collier ne fonctionne plus sur moi.

Alix fut parcourue d'un frisson d'excitation, mêlée à un peu de peur.

– Comment ça ?

Daisy sourit.

– Porte-le, tu verras bien. Tu ne risques rien, je te le promets.

Alix l’examina une nouvelle fois. Elle le souleva lentement, le mit autour de son cou, et referma l’attache.

Il ne se passa rien. Pas de coup de tonnerre, pas de nuage de fumée. Pas le moindre changement. Alix était déçue. Peut-être le collier n’était-il pas magique, après tout.

C’est alors que Harry lui donna un petit coup de museau dans la main pour attirer son attention.

– Je suis content que tu sois là, dit-il. Il était temps qu’un humain nous comprenne à nouveau.

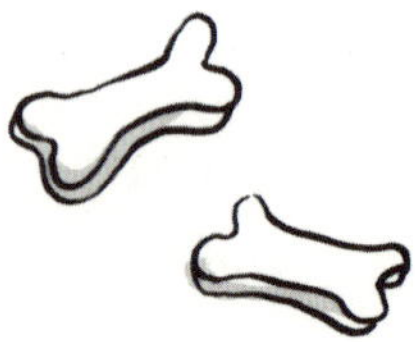

3

Un secret bien gardé

Alix était bien trop stupéfaite pour répondre. Elle regardait fixement le chien. Elle avait du mal à croire ce qu'elle venait d'entendre. Au bout d'un moment, elle finit par retrouver sa voix.

– Tu peux parler ?

– Bien sûr, répondit Harry. Comme tous les animaux. Nous parlons entre nous, et nous comprenons aussi les humains. Par contre, les humains n'arrivent pas à nous comprendre.

– Mais moi, si ! Je comprends tout ce que tu dis, répliqua Alix en tripotant le collier.

Elle se tourna vers sa grand-tante.

– C'est ça, son pouvoir ? Toi aussi, quand tu le portes, tu peux parler aux animaux ?

– Plus maintenant, répondit Daisy. La magie n'opère que sur les enfants, et encore, pas sur tous. Cela fait des années que je cherche l'élu.

– Le collier t'a choisie ! s'écria Harry en bondissant sur les genoux d'Alix, tout content. N'est-ce pas merveilleux ?

Il lui donna un coup de langue sur le nez.

Puis il sauta au sol et se dirigea vers la porte.

– Je vais immédiatement rassembler le clan. Ils vont vouloir te rencontrer.

– Quel clan ? s'inquiéta Alix.

Daisy sourit.

– C'est donc là qu'il va. J'aurais dû m'en douter.

Ces paroles rappelèrent à Alix que sa grand-tante ne pouvait plus comprendre ce que disait Harry.

– De quel clan parle-t-il ? insista-t-elle.

– Tu le sauras bien assez tôt, répondit Daisy. En attendant, va voir Platon. Je suis certaine qu'il sera ravi d'avoir une vraie conversation. Ça le changera de « Joli Piou-Piou ».

– Génial ! dit Alix. Comme ça, je prouverai à Maman qu'il parle vraiment.

Daisy prit soudain un air sérieux.

– Surtout pas ! l'avertit-elle. Le pouvoir du collier doit rester secret, pour qu'on ne l'utilise pas à de mauvaises fins.

– Maman ne ferait jamais rien de mal.

– Mais elle en parlerait à d'autres personnes. Tu peux en être sûre. Dès que tu confies un secret à quelqu'un, ce n'est plus un secret. Et il y a dans le monde bien trop de gens qui seraient prêts à faire de mauvaises actions.

Alix poussa un soupir. Elle savait que sa grand-tante avait raison, mais elle était déçue de ne pas pouvoir partager son excitation. Puis elle se souvint de Platon. Puisqu'elle ne pouvait rien dire aux humains, elle n'aurait qu'à parler aux animaux !

Elle descendit les escaliers et fila dans le salon. Avant d'entrer, elle vérifia si ses parents ne se trouvaient pas dans les parages. Elle ne voulait pas qu'ils l'entendent discuter avec Platon.

Elle constata qu'ils étaient tous les deux dans le salon de thé, à faire des plans pour l'avenir. Ils étaient trop occupés pour faire attention à elle.

La fillette s'éloigna donc à pas de loup, et partit à la recherche du perroquet.

Elle le trouva sur son perchoir, en train de regarder la télévision. Il mit une serre devant son bec.

– Chut ! murmura-t-il. C'est la dernière question. S'il répond correctement, il pourra aller en finale.

Alix traversa la pièce sans bruit, tandis qu'une voix à la télévision demandait :

– Les ours polaires sont-ils gauchers ou droitiers ?

– Droitiers ! piailla Platon en sautillant avec enthousiasme.

– Gauchers, répondit Alix.

Le candidat du jeu était d'accord avec Platon.

– Droitiers, lança-t-il.

Sa réponse fut suivie d'une sirène sinistre.

– Mauvaise réponse, dit le présentateur. Les ours polaires sont gauchers.

– Zut, lâcha Platon, avant de pencher la tête sur le côté et de scruter Alix. Comment le savais-tu ?

– Je l'ai lu dans un livre.

– C'est tellement merveilleux de savoir lire, soupira le perroquet. Je n'ai jamais réussi à apprendre.

– Tu es le premier oiseau que je rencontre qui regarde la télévision, s'exclama Alix. Et avec qui je parle.

– Tout le plaisir est pour moi, dit Platon.

Il fit une petite révérence, puis se redressa.

– Je suis également ravi de voir que tu portes le collier. As-tu déjà fait la connaissance des autres membres du clan ?

Alix secoua la tête.

– Quel clan ?

Le perroquet fit gonfler ses plumes, pour se donner de l'importance. Il déclara :

– Le clan est un groupe d'animaux qui veillent sur Clamerkin. Nous réglons les problèmes et veillons à ce que l'île reste agréable à vivre.

– Nous ? releva Alix. Alors, tu en fais partie.

– Tout comme Harry, répondit le perroquet. Et, par tradition, celui ou celle qui porte le collier aussi. Les autres membres sont des chats.

Alix sourit en se rappelant les chats qui l'avaient observée à son arrivée à *La Primevère*. Cela ne lui paraissait plus si étrange, finalement. Peut-être voulaient-ils juste voir à quoi elle ressemblait.

Soudain, Harry fit irruption dans la pièce.

– Viens vite ! dit-il, haletant. Tout le monde est là.

– Allez, Alix, lança Platon. Il est temps que tu découvres le clan.

– Tu ne viens pas ?

Platon secoua la tête.

– Je ne vais pas aux réunions.

– On aurait pourtant besoin de ton soutien. Les chats ne sont pas toujours très coopératifs.

Mais il fut impossible de convaincre Platon ! Il refusa de quitter sa télévision bien-aimée.

Alix suivit son nouvel ami dans le jardin. Elle sentait monter l'excitation… La vie à Clamerkin promettait d'être passionnante ! Elle n'était là que depuis quelques heures, et déjà elle avait des pouvoirs magiques. Et elle allait faire partie d'un groupe secret !

4
Le clan de Clamerkin

Alix n'avait jamais vu un jardin aussi négligé. La pelouse n'était pas tondue, les parterres de fleurs débordaient, et le cabanon à outils était recouvert d'un amas de lierre.

Harry prit un chemin relativement dégagé à travers les herbes hautes, et la fillette le suivit.

Ils passèrent devant la corde à linge, puis ce qui avait autrefois été un potager. Les framboisiers ployaient sous le poids des fruits. Alix ne put résister, et cueillit au passage une framboise. Elle était délicieuse, bien meilleure que celles du supermarché.

Mais Harry n'avait aucune envie de manger : il accéléra brusquement avant de disparaître au milieu d'épais buissons. Comme il était petit, il avait pu facilement se glisser sous les branches les plus basses. Ce qui n'était pas le cas d'Alix ! Elle était bien trop grande pour l'imiter. Elle dut se frayer un chemin pour rejoindre le petit chien qui l'attendait dans un endroit sans broussailles.

– Et voilà ! dit-il. Bienvenue dans notre repaire secret !

Tout en retirant une ronce qui s'était accrochée à ses cheveux, Alix s'exclama :

– Mais ils sont où ?

– Là, autour de nous !

Surprise, elle scruta attentivement les buissons alentour, et finit par découvrir

quatre chats. C'étaient eux ! Ceux qu'elle avait aperçus dans la rue tout à l'heure : une chatte siamoise, un tigré, un persan blanc et un gros chat noir aux pattes blanches.

– Les chats ont un avantage, dit Harry, ils sont discrets ! Ils peuvent nous observer sans être vus.

La chatte siamoise sauta de la branche sur laquelle elle était assise, et avança fièrement. Les trois autres la suivirent, et tous vinrent se placer en arc de cercle sur l'herbe, sans quitter la fillette des yeux.

Harry les salua en leur reniflant la truffe. Alix se demanda si elle était censée en faire autant. Finalement elle décida d'aller s'installer à côté du chat noir, et attendit de voir ce qui allait se passer.

Les chats restèrent silencieux quelques instants. Au bout d'un moment, le chat noir se lécha les babines et, dans un miaulement, lui chuchota :

– Dis, tu n'aurais pas une sardine, par hasard ?
– Non, désolée, répondit Alix.

Le chat noir parut déçu. Les trois autres dressèrent immédiatement les oreilles et fixèrent la fillette de façon plus insistante.

– C'était donc vrai ! miaula la chatte siamoise. Tu comprends tout ce que nous disons.

Alix glissa les doigts sous le collier et le souleva légèrement.

– C'est grâce à ça. C'est Daisy qui me l'a offert !

– Le collier magique de la légende ! s'exclama le tigré. Harry avait raison.

Il s'avança, posa ses pattes de devant sur la poitrine d'Alix et renifla la chaîne dorée.

– Je n'entends pas de moteur… Je me demande bien comment ça marche.

– C'est parce qu'il est magique, intervint le persan blanc.

– Bon, et si on commençait les présentations ? coupa Harry, qui s'impatientait.

– Arrête un peu de nous donner des ordres ! grommela la chatte, en se levant et en agitant la queue.

Pourtant, elle fit ce qu'on lui demandait.

– Je suis Princesse, du bureau de poste. Tout ce que j'entends, je le transmets au clan.

– Autant te dire qu'elle sait tout sur tout le monde ! expliqua le tigré. Moi, je m'appelle Rudolf.

– Ce n'est pas un nom courant, fit remarquer Alix.

– Mon maître est mécanicien ! Il a choisi ce nom, en l'honneur du grand ingénieur Rudolf Diesel, expliqua-t-il fièrement.

– Et moi, c'est Einstein, comme le célèbre scientifique, dit le persan blanc. Ce sont les enfants qui m'ont donné ce nom quand je suis venu vivre à l'école.

Il tendit une patte vers le gros chat noir.

– Et voici notre ami de la boulangerie, que tu connais déjà.

Le chat noir regarda Alix de ses grands yeux verts.

– Tu peux toujours me donner un morceau de fromage, si tu n'as pas de sardine, supplia-t-il.

– Croissant ! gronda Princesse. Cesse de penser à la nourriture, pour une fois !

– Désolé, mais mon ventre est vide, gémit-il, en s'allongeant, la tête sur les pattes, avant de pousser un long miaulement.

– Tu n'as qu'à prendre l'habitude de moins manger, répliqua Einstein.

– Excusez-moi, intervint Alix, mais on s'écarte un peu du sujet, non ?... Harry, alors, est-ce que je fais partie du clan maintenant ?

Princesse se hérissa, et s'en prit au terrier d'Écosse :

– Comment ça ? feula-t-elle, agressive. Depuis quand un seul petit chien décide ? Tous les membres du clan doivent donner leur avis !

Harry lui répondit d'un grondement sourd :

– Je ne suis pas « petit » ! Et je te rappelle que le collier a choisi Alix. La légende dit que celui ou celle qui porte le collier est toujours…

– C'est une légende, coupa court Princesse. Aucun humain n'a jamais fait partie du clan.

– Et Daisy, ma grand-tante ? Quand elle était enfant, elle portait le collier et elle pouvait aussi parler aux animaux !

– On n'était pas nés, à cette époque-là, dit Einstein. Les chiens et les chats ne vivent pas aussi longtemps que les hommes.

– Mais les perroquets, si, rétorqua Alix. Platon doit sûrement s'en souvenir. On n'a qu'à lui demander !

Harry secoua la tête.

– Il n'a que quinze ans. Il n'était même pas dans l'œuf lorsque Daisy était jeune.

– En tout cas, comme le dit la légende, le collier est magique, dit Rudolf. Il n'y a aucun doute. Alors, pourquoi ne pas accepter Alix dans notre clan ?

Mais Princesse ne voulait pas capituler aussi facilement.

– Et pourquoi on le devrait ? On s'en sort très bien sans elle !

– Elle pourrait nous aider à faire des tas de choses, affirma Harry.

– C'est vrai, elle a des mains, compléta Croissant, c'est très utile pour ouvrir les boîtes de sardines !

– Et se servir de clés à molette, ajouta Rudolf.

– On n'a pas besoin de clés

à molette ! répliqua Princesse. Le clan a toujours su protéger l'île. Je refuse qu'elle vienne fourrer son nez dans nos affaires.

– Je ne fourre pas mon nez dans vos affaires ! s'exclama Alix, agacée.

Elle en avait assez qu'ils parlent d'elle comme si elle n'était pas là.

– Tais-toi ! cingla Princesse en se hérissant de nouveau.

Elle se tourna vers les membres du clan et reprit, plus calmement, cette fois :

– Vous voyez ? Elle essaie déjà de nous commander.

– Ce n'est pas vrai ! intervint Harry, furieux

– Et si on votait ? proposa Einstein. À l'école, quand ils ne sont pas d'accord, les enfants votent.

– Excellente idée ! dit Princesse en jetant un regard noir aux trois chats. Levez la patte si vous pensez que j'ai raison de ne pas accepter Alix dans le clan.

Einstein et Croissant se recroquevillèrent devant l'air dur de Princesse. Obéissants, ils dressèrent chacun une patte de devant. Seul Rudolf hésita. Il réfléchissait, tout en observant Alix, puis Princesse.

– Quel dommage pour les clés à molette, murmura-t-il avant de lever finalement une patte relativement sale.

Triomphante, Princesse miaula :

– C'est décidé ! Tu n'as pas ta place ici.

Puis elle s'éloigna, la queue bien droite, et commença à se faire les griffes sur un arbre tout proche.

Alix était furieuse. Les chats l'avaient rejetée sans même lui donner une chance ! C'était tellement injuste !

– Je m'en moque ! hurla-t-elle en se redressant. De toute façon je n'ai jamais voulu venir sur votre île perdue ! Et je n'ai jamais eu envie de faire partie de votre clan stupide !

5
Une triste soirée

Alix n'attendit pas la réaction des chats, elle prit ses jambes à son cou et franchit les buissons, en essayant de cacher sa déception ! Elle repassa devant le potager, et, les yeux pleins de larmes, traversa de nouveau le jardin.

Harry la rattrapa alors qu'elle ouvrait violemment la porte de la maison.

– Reviens, supplia-t-il. Je suis sûr que ça peut s'arranger.

– Non, impossible ! Tu as entendu : ils ont tous voté contre moi !

Elle se précipita à l'intérieur et s'essuya les yeux d'un revers de manche avant d'entrer dans la cuisine.

Sa mère était déjà là, et aidait Daisy à préparer le dîner. Elle leva les yeux, étonnée, et s'exclama :

– À qui tu parlais dehors ?

La fillette hésita. Elle avait beau être en colère, elle ne voulait pas révéler le secret du collier.

– Au chien de Daisy, répondit-elle, en choisissant ses mots avec soin.

Debout devant l'évier, sa grand-tante lui adressa un signe de tête approbateur. De toute évidence, Alix avait pris la bonne décision.

Sa mère sourit et commença à mettre le couvert sur la grande table de bois.

– Je suis contente que Harry soit là pour te tenir compagnie. Je suis sûre que l’île te plaira quand tu te seras fait des amis.

– Si je m’en fais un jour…, murmura Alix, d’une voix si faible que personne ne l’entendit.

« Et si tous les habitants de l’île sont comme les chats ? songea-t-elle. Et s’ils ne veulent pas de moi, eux non plus ? »

Platon, lui au moins, semblait l’apprécier. Il l’accueillit chaleureusement quand elle pénétra dans le salon. Puis il vit son air malheureux.

– Harry avait donc raison d’être inquiet…, devina-t-il.

Alix regarda par-dessus son épaule pour s’assurer que personne ne l’avait suivie.

– Les chats refusent que je fasse partie du clan, lui apprit-elle. Ils se moquent du collier, ils se moquent de la légende. Ils ne m’aiment pas.

– Ils ne te connaissent pas, c’est tout, dit Platon. Cela n’a rien à voir avec toi. Les chats sont des animaux indépendants, ils n'aiment pas qu'on leur impose des choix.

Alix réfléchissait à ce que venait de dire son ami lorsque sa mère l'appela pour dîner. Il y avait des lasagnes, son plat préféré, mais elle n'avait pas faim. Elle était bien trop bouleversée !

La fillette repoussa son assiette après avoir pris quelques bouchées.

– Oh, ma chérie ! dit son père en poussant un soupir. Tu es toujours aussi contrariée ?

– Tu n'as pas l'air dans ton assiette, ajouta Daisy, inquiète. Raconte-nous ta balade avec Harry.

– Nous avons rencontré des chats..., commença Alix, qui n'ont pas été très gentils...

Comme la fillette n'osait pas en dire plus, de peur de trahir le secret, Daisy lui adressa un sourire compatissant.

– C'est bien dommage...

La mère d'Alix choisit de changer de sujet. Et c'est à ce moment-là qu'elle vit quelque chose au cou de sa fille.

– Tiens ! Qu'est-ce que c'est ?

– Un collier, c'est Daisy qui me l'a offert, répondit Alix, qui regrettait de ne pas l'avoir caché sous son T-shirt.

– J'ai pensé que ça lui remonterait le moral, expliqua sa grand-tante.

– C'est une gentille attention, constata le père d'Alix, en regardant l'assiette pleine de sa fille, mais ça n'a pas beaucoup d'effet…

– Ma chérie, la journée a été longue, tu es peut-être tout simplement fatiguée.

Alix saisit l'occasion : c'était l'excuse parfaite pour sortir de table.

– Tu as raison, maman, dit-elle en repoussant sa chaise. Je vais aller me coucher.

Et elle fila vers les escaliers qui menaient à sa nouvelle chambre. Mais, dès qu'elle entra dans la pièce, elle se sentit submergée par l'émotion. Elle fondit en larmes. Elle alla s'asseoir près de la fenêtre, ramena les genoux contre sa poitrine et sanglota de plus belle. Son ancienne maison lui manquait. Ses amis lui manquaient. Elle se sentait si seule !

Au bout d'un moment, à bout de forces, Alix finit par se calmer. Elle se moucha, puis enfila son pyjama.

Alors qu'elle mettait la veste, elle effleura le collier du bout des doigts. Devait-elle l'enlever pour la nuit, ou le garder ?

La fillette le contemplait dans le miroir : le bijou dessinait une ligne brillante et scintillante autour de son cou, une ligne emplie de magie et de mystère.

Elle se demanda si elle avait de la chance d'en être la gardienne. Depuis l'épisode des chats, elle n'en était plus très sûre.

Pourtant, elle décida de ne pas l'ôter. Elle sauta donc dans le lit, s'allongea, en cherchant une position confortable.

Quelques instants plus tard, elle s'immobilisa et bâilla. Sa mère avait raison : elle était fatiguée.

Alors qu'elle était sur le point de s'endormir, elle entendit des couinements.

– Tu as vu mon fromage ?

– Il est là où tu l'as laissé, dit une deuxième souris.

– Je parie que tu l'as mangé.

– Non.

– Si.

– Non.

– Taisez-vous ! hurla Alix. Je veux dormir !

Les souris se turent immédiatement. Mais elles recommencèrent bientôt à se disputer.

– C'est ta faute. C'est toi qui as crié !

– Non.

– Si.

Alix ne voulait plus entendre un seul mot ! Elle détacha le collier et le jeta violemment à travers la chambre. Elle en avait assez et peu lui importait si demain elle retrouvait ou pas le collier.

6
La disparition d'Oscar

Le lendemain matin, Alix fut réveillée de bonne heure par les aboiements de Harry. Il était dans le couloir, grattait à la porte et gémissait pour qu'elle le laisse entrer. Elle ne comprenait pas pourquoi il aboyait, mais elle se rendait bien compte qu'il était agité.

Elle traversa la pièce en courant, et sentit le parquet froid sous ses pieds. Dès qu'elle eut ouvert la porte, le chien se précipita à l'intérieur en aboyant frénétiquement. Il sauta sur Alix et lui fit perdre l'équilibre : la fillette se retrouva assise au bout du lit !

Harry en profita pour bondir sur ses genoux, sans cesser d'aboyer. Puis il regarda le cou nu d'Alix, baissa la tête, et poussa une longue plainte sourde. C'était le son le plus triste qu'elle ait jamais entendu ! Harry avait vu qu'elle ne portait plus le collier, et il savait maintenant qu'elle ne comprendrait pas ce qu'il voulait.

– Ne t'inquiète pas, dit-elle. On va le retrouver ! Je l'ai jeté quelque part par là.

Et elle commença à le chercher.

Harry vint l'aider : il renifla sous la chaise, il fouilla dans la corbeille à papier.

Mais il n'y avait aucune trace du collier. Il avait tout simplement disparu.

Désespérée, Alix était sur le point d'abandonner, lorsqu'elle eut une idée. Elle sauta sur le lit et envoya son peigne voler à travers la pièce, comme elle l'avait fait la nuit

précédente avec le collier. Il atterrit sur sa commode, glissa et tomba derrière.

– Et voilà ! s'écria Alix. C'est le seul endroit où on n'a pas cherché.

La commode était en bois solide, et extrêmement lourde. Alix dut tirer de toutes ses forces pour l'éloigner du mur de quelques centimètres. Puis elle s'allongea sur le sol et tendit la main vers le coin sombre.

Elle retrouva rapidement le peigne, le sortit, et recommença à chercher. Au début, elle n'attrapa que de la poussière. Elle s'étira le plus possible, jusqu'à ce qu'enfin ses doigts rencontrent du métal.

– Je l'ai ! cria-t-elle.

Elle le saisit, triomphante.

La chaîne de pattes d'animaux était redevenue marron. Toutefois, sous les yeux fascinés d'Alix, elle se mit bientôt à briller et à scintiller, exactement comme la première fois.

Les aboiements impatients de Harry la rappelèrent à la réalité. Elle mit le collier autour de son cou et referma l'attache.

– Dieu merci ! dit Harry. Viens vite : c'est urgent ! On a fait appel au clan.

– Mais tu sais bien que je n'en fais pas partie. Tu as entendu ce qu'a dit Princesse : ils n'ont pas besoin de moi.

– Ils ont tort, et ils sont trop bêtes pour s'en rendre compte. Et puis, peu importe. Tu viens parce que tu es mon amie.

Alix ne put refuser. Elle s'habilla à toute allure, avant de dévaler les escaliers. Elle fit un saut dans la cuisine, glissa quelque chose dans ses poches, et griffonna un mot à sa mère, disant qu'elle était partie se promener avec Harry.

Puis ils filèrent par la porte de derrière et sortirent sous le soleil matinal, en direction du port. Une fois en route, Harry raconta :

– C'est Oscar, il a disparu !

– Qui est Oscar ? demanda Alix.

– L'un des chatons de Tina. Le petit roux.

Ils passèrent devant la vitrine d'un fleuriste. La pancarte au-dessus de la porte annonçait : *Les Bouquets de Bob et Betty*, comme l'inscription en vert sur la camionnette garée devant.

Puis ils bifurquèrent dans une ruelle étroite qui séparait la boutique de la porte de service de la boulangerie.

La fillette remarqua immédiatement les chats. Cette fois, ils étaient cinq. Les quatre membres du clan étaient rassemblés autour d'une chatte grise qui paraissait terriblement malheureuse. Alix devina qu'il s'agissait de Tina.

Princesse ouvrit de grands yeux inquiets en les voyant arriver. Sa queue se dressa aussitôt et se hérissa, tels les poils d'une brosse à dents.

– Qu'est-ce qu'elle fait ici ? grogna-t-elle.

– C'est moi qui lui ai demandé de venir, répondit Harry. Plus on sera nombreux, plus on aura de chances de retrouver Oscar.

– Mon pauvre chaton ! gémit Tina. C'est entièrement ma faute.

– Mais non, dit Princesse d'une voix bien plus douce que celle à laquelle Alix était habituée.

– Je n'ai pas été assez vigilante, pleura Tina, inconsolable. Je les avais comptés,

et j'étais en train de les installer pour la nuit, quand j'ai entendu la camionnette de Bob et Betty se garer. Ils rentraient tard parce qu'ils étaient allés à une fête, et…

– Quel est le rapport avec Oscar ? coupa Einstein.

– Ils ont ouvert la porte, répondit Tina, et Oscar en a profité pour s'échapper. Je n'ai rien vu !

Elle se remit à pleurer.

– Tu crois qu'il est allé où ? demanda Rudolf.

– Il est très curieux, remarqua Princesse. Il est toujours à fureter partout…

– Et il est fasciné par la mer : il passe son temps à la regarder par la fenêtre, ajouta Tina. Il me pose sans arrêt des questions !

– Peut-être qu'il est là-bas, suggéra Harry. Je parie qu'il est sur la plage.

– Hier soir, la marée descendait, déclara Einstein. Il devait y avoir beaucoup de rochers à explorer !

La queue de Princesse prit de nouveau l'aspect d'une brosse à dents, mais cette fois ce n'était pas Alix qui lui causait de l'inquiétude.

– Sauf que la marée monte en ce moment ! s'écria-t-elle. Et s'il était piégé là-bas ?

– Il va se noyer ! gémit Tina.

– Pas si on y arrive à temps ! miaula Rudolf.

Sans même se concerter, les membres du clan dévalèrent la colline en direction de la mer. Tina resta pour s'occuper de ses chatons, tandis qu'Alix courait avec les chats. Peu importe qu'ils aient été désagréables avec elle ! Une seule chose comptait maintenant : retrouver Oscar avant qu'il soit trop tard !

7
Direction : la plage

Le front de mer était quasi désert. Les quelques personnes présentes étaient bien trop absorbées dans leurs tâches matinales pour faire attention à Alix et au clan.

Les chats sautèrent sur le mur de la plage, se glissèrent sous le grillage avant de réapparaître de l'autre côté. Alix et Harry dévalèrent les marches de pierre et rattrapèrent leurs amis sur le sable.

– Vous en avez mis du temps, marmonna Princesse.

Rudolf se montra plus aimable, et leur parla de son plan :

– On se sépare, et on descend petit à petit jusqu'à la mer. On a intérêt à se dépêcher, car la marée monte.

– On devrait plutôt aller près de l'eau, et remonter la plage avant qu'elle soit totalement recouverte, suggéra Alix.

La chatte siamoise lui jeta un regard noir, et miaula :

– Ne te mêle pas de nos affaires !

– Mais, Princesse, c'est une bonne idée ! intervint Einstein.

– Tout à fait, acquiesça Rudolf. Oubliez ce que je viens de dire. On va commencer nos recherches au bord de l'eau.

La fillette fila en direction des vagues qui venaient doucement se briser sur la plage. Ses chaussures s'enfonçaient dans le sable humide et glissaient sur les rochers mouillés.

Rudolf avait raison : la marée montait. Chaque vague arrivait plus haut que la précédente. Bientôt, les rochers sur lesquels Alix se tenait disparaîtraient complètement. Elle se penchait et regardait dans tous les coins et recoins. Il fallait faire vite !

À quelques mètres d'elle, Harry reniflait chaque rocher, tête baissée.

Les chats, plus agiles, sautaient lestement d'une roche à l'autre. Même Croissant se

montrait étonnamment vif, pour un animal qui avait un si gros ventre !

Tout à coup, un groupe de mouettes apparut et vint tourner au-dessus de leurs têtes.

– Que faites-vous ? Que faites-vous ? crièrent-elles.

– Nous cherchons un chaton perdu ! lança Alix.

– Un petit roux, ajouta Harry.

– Nous allons vous aider. Nous allons vous aider, répétèrent les mouettes en chœur.

Elles partirent survoler la plage, en exécutant des piqués.

– Super ! Elles vont beaucoup plus vite que nous, constata Harry.

De temps en temps, l'une d'elles se posait pour examiner de plus près une éventuelle cachette, avant de décoller en criant :

– Pas de chance, pas de chance.

– Si elles le trouvent, je promets de ne plus jamais chasser d'oiseaux, affirma Croissant.

– De toute façon, tu n'en attrapes jamais, répondit Einstein.

C'est alors que les mouettes revinrent en hurlant à l'unisson :

– Pas de chaton, pas de chaton. Il n'est pas ici. Il n'est pas ici.

Princesse miaula, désespérée :

– On ne cherche pas au bon endroit !

– Au moins, on est sûrs qu'il ne va pas se noyer, dit Einstein tandis qu'ils repartaient vers la plage.

– On s'est trempé les quatre pattes pour rien, gémit Croissant.

Alix avait oublié combien les chats détestaient l'eau. Elle les vit sauter de rocher en rocher, pour ne pas toucher le sable mouillé.

– On aurait dû se douter qu'Oscar ne viendrait pas ici, dit Rudolf une fois qu'ils furent sur la jetée. C'est beaucoup trop humide.

– Alors, quel genre d'endroits aimez-vous, les chats ? demanda Alix, qui ne voulait pas abandonner les recherches.

Princesse la regarda comme si elle était bête.

– Des endroits secs, évidemment.

– J'adore dormir dans la vitrine de la boulangerie, dit Croissant. Il y fait bon quand le soleil chauffe.

– J'aime me rouler en boule près du poêle de l'école, renchérit Einstein. Là aussi, on a délicieusement chaud.

Alix se tourna vers la chatte siamoise.

– Et toi, Princesse ? Quelle est ta place préférée à la poste ?

– Sur l'étagère, au-dessus du radiateur, si tu veux tout savoir. Mais on perd du temps ! Quel rapport avec Oscar ?

La fillette donna alors son avis sur ce qui avait pu se passer :

– Quand Bob et Betty ont refermé la porte, Oscar s'est retrouvé coincé dehors, dans le froid. Il s'est forcément réfugié dans un endroit chaud pour dormir. Il ne nous reste plus qu'à découvrir où.

Harry se mit à sautiller d'excitation.

– Bien vu !

– Près du groseillier, à côté de chez Tina ? suggéra Croissant. Je connais un coin qui est ensoleillé et agréable.

Rudolf secoua la tête.

– Non, la nuit, il y fait trop froid.

– Et l'abri à bois ? Il est assez confortable, assura Princesse.

– Mais il est plein de courants d'air, déclara Einstein.

Il y eut un long silence. La fillette et les chats réfléchissaient intensément. Alix essaya de se mettre à la place du chaton. Quel endroit aurait pu attirer Oscar en pleine nuit ?

– Et la camionnette de Bob et Betty ? s'écria-t-elle soudain.

Mais Einstein secoua la tête.

– Il n'est pas en dessous, j'ai déjà vérifié.

– Il n'a pas pu entrer à l'intérieur, dit Harry. Les portes et les fenêtres étaient fermées.

Déçue, Alix laissa échapper un soupir. Puis ses yeux s'illuminèrent.

– Et sur le moteur ?

– Évidemment ! Il est sûrement là ! s'exclama Rudolf en sautant sur ses pattes. On se

faufile facilement sous le capot d'une voiture par les roues ! Comme Bob et Betty venaient de rentrer, le moteur était encore chaud !

Il regarda pensivement dans le vide, avant d'ajouter :

– J'adore les moteurs. Ils sont tellement bruyants et puissants !

– Et dangereux ! hurla Princesse avec inquiétude. Vite ! Il faut le sortir de là avant que Bob démarre !

Elle s'élança vers la boutique du fleuriste, suivie de près par les autres. Ils n'étaient qu'à mi-chemin quand ils virent Bob franchir la porte d'entrée et s'approcher de la camionnette.

– Vite, vite ! lança Princesse.

– Il faut l'arrêter ! aboya Harry.

Alix, à bout de souffle, courait loin derrière les chats.

8
Joyeuses retrouvailles !

Harry se précipita en aboyant vers Bob, qui lui jeta un coup d'œil surpris. L'homme se demanda ce que signifiait tout ce tapage. Cependant, il marcha vers la camionnette et sortit sa clé pour déverrouiller la porte.

Einstein se jeta alors sur lui, telle une torpille blanche et pelucheuse, et planta ses griffes dans la manche de sa chemise.

– Arrête ! hurla Bob en secouant le bras.

Rudolf s'accrocha à son autre bras, tandis que Croissant lui bloquait le passage.

– Vous êtes devenus fous, ou quoi ? Ça suffit !

L'homme se débattit, et réussit à ouvrir la porte de la camionnette.

Les chats continuaient à miauler, et Harry aboyait rageusement. Princesse se faufila sur le siège du conducteur. Elle se hérissa, la queue dressée, les griffes en avant.

Furieux, Bob saisit la chatte siamoise et la lâcha sur le sol. Lorsque Alix arriva enfin à la camionnette, il était derrière le volant et s'apprêtait à mettre le contact.

Alix posa sa main sur la sienne et le supplia :

– Ne démarrez pas la camionnette !

– Et pourquoi ça ?

– Parce qu'il y a un chaton endormi sur votre moteur !

Soudain inquiet, Bob bondit hors du véhicule et fonça vers l'avant de la voiture, Alix sur ses talons.

Quand ils soulevèrent le capot, ils découvrirent le chaton roulé en boule, telle une petite tache rousse sur le métal noir huileux.

Alerté par le bruit et l'agitation, Oscar ouvrit de grands yeux bleus étonnés.

– Maman ! miaula-t-il.

– Heureusement que tu étais là, ma petite, soupira Bob.

Comme Harry, la fillette avait horreur qu'on l'appelle « petite ». Elle répondit :

– Je m'appelle Alix et j'habite chez ma grand-tante, au salon de thé *La Primevère*.

– Eh bien, tu viens de lui sauver la vie ! dit Bob en attrapant doucement le chaton roux.

Puis il se dirigea vers la boutique, suivi d'Alix et du clan. Une fois à l'intérieur, ils assistèrent aux joyeuses retrouvailles d'Oscar et de Tina.

Et ils filèrent avant que Bob commence à poser trop de questions.

– Beau travail, dit Harry lorsqu'ils arrivèrent dans leur repaire secret.

– Tout à fait, miaula Rudolf.

– Ça m'a donné faim, de courir partout comme ça, dit Croissant.

– De toute façon, même allongé, tu as faim ! ironisa Einstein.

Croissant jeta un regard suppliant à Alix.

– Tu n'aurais pas une sardine, par hasard ?

La fillette éclata de rire.

– Justement, puisque tu en parles...

Elle sortit de ses poches une boîte de sardines et un ouvre-boîte.

Elle les avait complètement oubliés ! Il s'était passé tellement de choses depuis qu'elle les avait pris dans la cuisine !

Croissant s'adressa à Princesse :

– Tu vois, les humains sont parfois utiles.

La chatte siamoise baissa la tête, honteuse.

– Je suis désolée d'avoir été aussi méchante hier, Alix. On n'aurait jamais pu sauver Oscar sans toi !

– Je suis contente d'avoir pu vous aider, murmura-t-elle.

– Et si on votait de nouveau ? reprit Princesse, ragaillardie. Qui souhaite qu'Alix fasse partie du clan ?

La fillette retint son souffle. Elle n'eut pas à patienter bien longtemps. Sans la moindre hésitation, Harry, Rudolf, Einstein et

Croissant levèrent une patte de devant. Princesse les imita.

– Bienvenue dans le clan, Alix, ronronna-t-elle. Tu es maintenant l'une des nôtres.

La petite fille poussa un cri de joie et serra Harry dans ses bras. Les quatre chats se précipitèrent vers elle, bien décidés à ne pas être laissés de côté.

– Je vais adorer t'avoir avec nous, dit Croissant en se jetant sur les sardines.

– Et moi, je vais adorer vivre ici, répondit Alix.

Pour la première fois depuis son arrivée, elle se sentait chez elle.

La vie sur Clamerkin allait être bien plus amusante qu'elle ne l'aurait cru.

FIN

Retrouve

Alix et le Collier Magique

dans une autre aventure :

EXTRAIT

1
Premier jour d'école

– Je voudrais rester à la maison avec vous, dit Alix en rangeant sa trousse dans son cartable.

– Je suis désolé, mais c'est impossible, siffla Platon depuis son perchoir installé devant la télévision. Tu dois aller à l'école, c'est comme ça, insista le perroquet.

– Platon a raison, aboya Harry, le terrier d'Écosse, avant de sauter sur le canapé.

EXTRAIT

Il poussa doucement la main d'Alix avec son museau.

– Ne t'inquiète pas. Tout va bien se passer.

Entendre parler un chien et un perroquet n'avait rien de surprenant pour Alix. Elle vivait sur l'île de Clamerkin depuis une semaine seulement, et déjà elle était habituée au fait d'être la seule à pouvoir parler aux animaux, grâce au collier magique. Par contre, elle s'inquiétait beaucoup de ce qui allait arriver ce matin.

– Facile à dire pour vous ! Vous n'êtes pas obligés d'aller dans une école où vous ne connaissez personne.

– Tu connais Einstein ! lui fit remarquer Platon. Il a promis de te guider et de veiller sur toi.

Alix se sentit un peu mieux : Einstein était un de ses amis sur l'île. Il était aussi le chat de l'école.

Tout à coup, elle entendit sa mère l'appeler.

– Tu es prête, ma chérie ? C'est l'heure de partir.

Alix se précipita dans l'entrée, Harry sur ses talons. Elle passa la porte battante qui séparait sa nouvelle maison du salon de thé, *La Primevère*, qui n'était pas encore ouvert au public.

Le père d'Alix était occupé à peindre le plafond. Il avait pris soin de protéger le comptoir, les tables et les chaises avec un tissu. Lorsqu'il vit sa fille, il posa son rouleau et l'appela du haut de son escabeau :

– Viens par là que je te regarde !

Alix tourna sur elle-même pour lui montrer son nouvel uniforme. Le chemisier blanc et la jupe grise étaient un peu raides. Le pull bleu, en revanche, était doux et confortable.

– Très élégante, approuva son père.

Sa mère hocha la tête. Mais, quand elle aperçut le collier de pattes dorées autour du cou d'Alix, elle fronça les sourcils.

– Tu ne dois pas porter des bijoux à l'école.

– Mais c'est un cadeau de Daisy ! protesta Alix.

– C'est très gentil de la part de ta grand-tante de te l'avoir offert, répliqua sa mère, mais ce n'est pas une raison. Tu ne peux pas garder ce collier.

EXTRAIT

Alix n'insista pas, car elle savait qu'elle ne réussirait pas à faire changer d'avis sa mère.

– D'accord, je vais le ranger dans ma chambre ! lança-t-elle en remontant les escaliers quatre à quatre.

Harry se précipita à sa suite.

– Tu ne peux pas le laisser ici ! s'écria-t-il. Tu en as besoin !